BIBLIOTECA ERA

JOSÉ EMILIO PACHECO

■

La arena errante

<small>POEMAS</small> / 1992-1998

JOSÉ EMILIO PACHECO

■

La arena errante

POEMAS / 1992-1998

EDICIONES ERA

Este libro fue escrito con el apoyo del Sistema Nacional de Creadores.

Primera edición: noviembre de 1999
Primera reimpresión: febrero del 2000
ISBN: 968.411.463.X
DR © 1999, Ediciones Era, S. A. de C. V.
Calle del Trabajo 31, 14269 México, D. F.
Impreso y hecho en México
Printed and made in Mexico

A la memoria de
Octavio Paz y José Agustín Goytisolo

■

...la arena errante se pondrá amarilla...

Federico García Lorca

Todo lo arrastra y pierde este incansable
Hilo sutil de arena numerosa.
No he de salvarme yo, fortuita cosa
De tiempo, que es materia deleznable.

Jorge Luis Borges

I

Ante-noche

■

A Susana Zanetti

Las flores del mar

Danza sobre las olas, vuelo flotante,
ductilidad, perfección, acorde absoluto
con el ritmo de la marea,
la insondable música
que nace allá en el fondo
y es retenida
en el santuario de las caracolas.

La medusa no oculta nada,
más bien despliega
su dicha de estar viva por un instante.
Parece la disponible, la acogedora
que sólo busca la fecundación
no el placer ni el famoso amor
para sentir: "Ya cumplí.
Ya ha pasado todo.
Puedo morir tranquila en la arena
donde me arrojarán las olas que no perdonan."

Medusa, flor del mar. La comparan
con la que petrifica a quien se atreve a mirarla.
Medusa blanca como la Xtabay de los mayas
y la Desconocida que sale al paso y acecha,
desde el Eclesiastés, al pobre deseo.

Flores del mar y el mal las medusas.
Cuando eres niño te advierten:
"Limítate a contemplarlas.
No las toques. Las espectrales

te dejarán su quemadura,
la marca a fuego que estigmatiza
a quien codicia lo prohibido."

Y uno responde en silencio:
"Pretendo asir la marea,
acariciar lo imposible."

Pero no: las medusas
no son de nadie celestial o terrestre.
Son de la mar que nunca será ni mujer ni prójimo.

Son peces de la nada, plantas del viento,
gasas de espuma ponzoñosa
(sífilis, sida).

En Veracruz las llaman *aguas malas*.

La arena errante

(Otro poema de Veracruz)

Los misteriosos médanos cambiaban
de forma con el viento.
Me parecían las nubes que al derrumbarse por tierra
se transformaban en *arena errante*.
De mañana jugaba en esas dunas sin forma.
Al regresar por la tarde
ya eran diferentes y no me hablaban.

Cuando soplaba el Norte hacían estragos en casa.
Lluvia de arena como el mar del tiempo.
Lluvia de tiempo como el mar de arena.
Cristal de sal la tierra entera inasible.
Viento que se filtraba entre los dedos.
Horas en fuga, vida sin retorno.
Médanos nómadas.

Al fin plantaron
las casuarinas para anclar la arena.
Ahora dicen: "Es un mal árbol.
Destruye todo."
Talan las casuarinas.
Borran los médanos.

Y a la orilla del mar que es mi memoria
sigue creciendo el insaciable desierto.

Hondo segundo

Opacas las imágenes de ayer.
Los días se confunden en uno solo extensísimo.
Imposible decir que fue *mi* tiempo.
El tiempo no es de nadie: somos suyos.
Somos del tiempo que nos da un segundo
en donde cabe nuestra extensa vida.

La noche de los muertos

"La noche es de los muertos", decía la nana
para el temor y asombro de mis cuatro años.
"No salgas a la calle porque les pertenece la noche.
Vuelven a despedirse y a reclamar lo que es suyo."

"La noche es de los muertos.
No estés afuera
cuando ya ha oscurecido."

Pero una vez al fin la descubrieron mis padres
y le ordenaron que no atemorizara a los niños
con fantasmas, espantos, supersticiones.

Al cabo de los años la nana tuvo razón:
Ya no se puede salir de noche a la calle.
No es, desde luego, culpa de los muertos.

Fin del mundo

"El 18 de mayo del 50
se va a acabar el mundo.
Confiésate y comulga y encomienda tu alma
a la misericordia de Dios Padre
y pídele a la Virgen que ruegue por nosotros."

Todo esto me dijeron varias personas.
El 18 de mayo esperé el terremoto,
el diluvio de fuego, la bomba atómica.
Como es obvio, no pasó nada.

Hay otras fechas para el fin del mundo.

El fornicador

En plena sala ante la familia reunida
–padres, abuelos, tíos y otros parientes–
abro el periódico
para leer la cartelera.
Me llama la atención una película
de Gary Cooper en el cine Palacio,
o en el Palacio Chino, ya no recuerdo.

Lo que no olvido es el título.
Pregunto con la voz del niño de entonces:
"¿Qué es *El fornicador*?"

Silencio, rubores,
dura mirada de mi padre.
Me interrogo en silencio:
"¿Qué habré dicho?"

La tía Socorro me salva:
"Hay unas cajas de vidrio
en que puedes meter hormigas
para observar sus túneles y sus nidos.
Se llaman formicarios.
Formicador
es el hombre que estudia las hormigas."

Periquitos de Australia

Las flores en sus tallos,
libres los pájaros.
Desde muy niño he aborrecido las jaulas.
Me dan tristeza los arreglos florales.
A los doce años no pude rechazar el obsequio:
Periquitos de Australia.
"Periquitos de amor" los llaman en México.

Loros en miniatura, me parecieron adustos.
Despreciaron mi afán de congraciarme con ellos:
trapecio, alpiste, agua, material para el nido,
hueso para afilar garras y pico.
No debí hacerlo nunca.

Cierta noche hubo un pleito
conyugal en la jaula de los loritos.
Por la mañana hallé el cadáver sangrante,
despedazado hasta lo inverosímil
con un sadismo humano (valga el pleonasmo).
Los animales –dicen– jamás son crueles.
Sólo matan por hambre y de un solo golpe.
Después de lo que vi no estoy seguro.

El asesino o la asesina, la hembra o el macho,
comía inmutable alpiste junto a su víctima.
Se burlaba de mí con su ojo irónico.

La sentencia inmediata: condena a muerte,
sin mancharme las manos.

Abrí la jaula
y voló hacia la selva de los gorriones.

Segundo error ignorante:
en vez de quemarlo
o arrojarlo por el desagüe
sepulté en la maceta el cuerpo ultrajado.

A las pocas horas
ejércitos de moscas atronaban la tierra.

Me parecieron bandas de pericos de Australia.

El castillo de los Cárpatos

Un sueño realizado aquél de Verne
en *El castillo de los Cárpatos*,
novela que leí a los once años,
cuando ignoraba la vejez, desde luego,
y pensaba que los ancianos
habían nacido así: eran de otro planeta,
o quizá de otra especie,
en modo alguno enemiga
pero distinta, aparte, remota.

Nada que ver con la novedad que yo era,
la promesa total que fui (como todo niño),
la infinita página en blanco
donde la vida escribiría a traición
su novela pésima, su absurdo melodrama,
su farsa abyecta.

En larga transición me hundí velozmente
en la decrepitud.
(La madurez pasó sin tocarme.)
Y no perdí la memoria
de la muchacha muerta que ahora
está más joven que nunca
en el videoteip que se cae de viejo.

Cuento de espantos

Ayer la vi. No me lo van a creer.
Ayer me encontré con ella en el parque
por donde caminábamos a los veinte años.
Está igual que siempre.
En todo caso la muerte
la ha embellecido, la rejuvenece, la hace
adolecer de adolescencia.
Ya no tiene veintidós años,
sino dieciocho a lo sumo.

Quién penetra el misterio
de estos números y estos años,
su más tiempo de muerta que edad de viva.
Pero cómo ilumina los dos orbes
y es la estrella
del alba y el crepúsculo:
muchacha para siempre, también sombra
que nunca volverá de las tinieblas.

La vi de lejos y como es natural
me fue imposible dominar el impulso
de acercarme, verla de nuevo, implorarle:
"No sabes cómo te extraño.
No me resigno a perderte.
No te he olvidado."

Abrí la boca. No pude
pronunciar la menor palabra.
Me congeló la mirada

que sin decirlo decía:
"¿Cómo se atreve, señor?
¿No se ha visto al espejo?
¿No hay calendarios?
¿No toma en cuenta
las edades que nos separan?"

Y de este modo yo,
el aún vivo,
me convertí en el fantasma.

Memoria

No tomes muy en serio
lo que te dice la memoria.

A lo mejor no hubo esa tarde.
Quizá todo fue autoengaño.
La gran pasión
sólo existió en tu deseo.

Quién te dice que no te está contando ficciones
para alargar la prórroga del fin
y sugerir que todo esto
tuvo al menos algún sentido.

¿Qué fue de tanto amor?

¿Qué fue de tanto amor? Un cuaderno
en papel que ya no se usa
y está amarillento
y comido por los ratones.
Escrito a máquina,
algo que ya parece tan anticuado
como las runas ahora.
Un libro inédito
y en modo alguno publicable.

En la próxima limpia
de la casa los versos tan románticos
irán a la basura,
donde no se unirán en ningún símbolo
con las fotografías abolidas.
Ya son ridículas
por el cambio en la moda y en los peinados
–para no hablar de los avances
en la técnica fotográfica.

Blanco y negro. Mejor sería
un daguerrotipo
o una silueta recortada estilo siglo XVIII,
o una gacela en la cueva.
Porque el blanco y negro
las sitúa en la prehistoria:
Lascaux, Altamira.

No pregunte, don Jorge, qué se hicieron

las juventudes perdidas y los amores fracasados,
los versos lamentables que se inspiraron en ellos.
Ni siquiera los salva citar las *Coplas*,
ellas sí al parecer eternas
(aunque mañana quién sabe).

Todo se ha deshecho.
Ha regresado al polvo.
Está a punto
de ser vacío
en el vacío que aquel amor
colmó por un instante.
Pero ya basta.

Edades

Llega un triste momento de la edad
en que somos tan viejos como los padres.
Y entonces se descubre en un cajón olvidado
la foto de la abuela a los catorce años.

¿En dónde queda el tiempo, en dónde estamos?
Esa niña
que habita en el recuerdo como una anciana,
muerta hace medio siglo,
es en la foto nieta de su nieto,
la vida no vivida, el futuro total,
la juventud que siempre se renueva en los otros.
La historia no ha pasado por ese instante.
Aún no existen las guerras ni las catástrofes
y la palabra *muerte* es impensable.

Nada se vive antes ni después.
No hay conjugación en la existencia
más que el tiempo presente.
En él yo soy el viejo
y mi abuela es la niña.

Realidad virtual

Hay que decirlo aunque se ría la gente:
la realidad virtual fue inventada en México,
en la colonia del Valle,
alrededor de 1950.

El telescopio de mi primo Juan
—un juguete comprado
de segunda o tercera mano en La Lagunilla—
era capaz de reinventar la luna
como base de ovnis y morada
de criaturas de otra galaxia.
Dibujaba marcianos de tres cabezas
en donde ahora sabemos que todo es piedra.

Ya en el colmo del misticismo,
descubrió el cielo en Venus
y el infierno en Saturno.

Riverside Drive

Juega con su amiguito en Riverside Drive.
(Han caído las bombas y ha terminado la guerra.)
Una tarde por fin lo invita a su casa.
Ambos tienen cinco o seis años.
Nada saben de historia o geopolítica.

La madre le prepara el mejor sándwich
que ha probado en su vida.
El padre intenta ser no menos amable:

"Conozco tu país.
Pasé una noche en Tijuana.
Éstas son las palabras que me sé de tu idioma:
puta, ladrón, auxilio, me robaron."

Tres poemas mortales

1. ENCUENTRO

Nació conmigo la muerte.
Le dieron cuerda
y la echaron a andar,
pero en silencio.

Hemos vivido juntos mucho tiempo.
Sin embargo nada sé de ella.
No la conozco.
No puedo imaginarla.
Nunca me ha dirigido la palabra.
Sé que está aquí: le pertenezco
y me pertenece.

Cuando se acabe la cuerda
conoceré a la inseparable de mí,
la indivisible invisible:
lo único que en el mundo puedo llamar,
sin jactancia y de verdad, mío.

2. MI

Tan grandes y tan ávidos como el pronombre *yo*
sus dos brazos,
las dos letras que forman el posesivo *mi*,
el más ambicioso, el más ilusorio,
el que más decepciona.

Cómo puedo hablar de *mi* vida
si los días son obra del ciego azar
y de las voluntades ajenas.

Tampoco vale
decir *mi* ciudad:
ya no están los lugares,
nunca podré
regresar a los ámbitos sagrados.

La vida no es de nadie,
la recibimos en préstamo.
Lo único de verdad *nuestro* será la ausencia.

3. HERMANOS

El cuerpo quiere irse de quien lo encierra en un
    nombre.
Codicia
el anonimato del fin,
la disolución plural y final
en que todos somos hermanos de todos:
la familia de los ausentes.

Admonición de la hechicera

Quita de allí la mano o saldrán las hormigas rojas
que no se andan con cuentos: si te picaran
infiltrarían al demonio en tu sangre.

No grites: despertarás al lirón que duerme su eterna
    siesta
en la hamaca de aquellas ramas. ¿Nadie te ha dicho
que su mirada infunde una pereza mortal
en aquellos que intentan desafiarla?

No pises fuerte: saldrá indignado el gran topo ciego
que mina el campo. Si te mordiera
te llevaría a su laberinto —y de allí no sales.

Mejor cállate y vuelve hasta tu rincón
y obedece mis instrucciones:
Prende una vela negra a medianoche
y encomienda tu vida que es tenue y frágil
a la mortalidad de todas las cosas.

Niños y adultos

A los diez años creía
que la tierra era de los adultos.
Podían hacer el amor, fumar, beber a su antojo,
ir adonde quisieran.
Sobre todo, aplastarnos con su poder indomable.

Ahora sé por larga experiencia el lugar común:
en realidad no hay adultos,
sólo niños envejecidos.

Quieren lo que no tienen:
el juguete del otro.
Sienten miedo de todo.
Obedecen siempre a alguien.
No disponen de su existencia.
Lloran por cualquier cosa.

Pero no son valientes como lo fueron a los diez años:
lo hacen de noche y en silencio y a solas.

Tal por cual

Tal por cual era un insulto atroz en mi infancia.
Jamás he vuelto a escucharlo.
Pero suena muy bien, llena de espuma la boca.

En el fondo percibo oblicua
una alusión a la ilegitimidad, una manera
de decirle *bastardo* al enemigo.
"No te llamas así.
Te haces pasar por otra persona.
No eres el hijo de quien supones tu padre."
(Como en tanta injuria,
se les echa la culpa a las mujeres.)
Y, con todo, *bastardo* jamás se emplea en español
    como agravio.

Me parece un misterio
saber por qué la gente se golpeaba si alguien
llamaba *tal por cual* a su adversario.

Propongo convertir en afrenta grave
otras palabras inocentes:
lontananza, arabesco, rada,
erial, relieve, barbecho.

Impureza

Hablaban de impureza
a nosotros los niños de ocho o nueve años.
"La impureza es un pecado mortal.
Tu alma eternamente padecerá entre las llamas.
Debes ser puro. La salvación está en juego.
Que no te contamine el demonio."

La pureza es como un instrumento quirúrgico, metal
    estéril
que pretende dañar para hacer el bien
e imponer el triunfo absoluto
de quien lo blande omnipotente.

Pero sin impureza no hay vida, que es decir cambio.
Todo sigue igual,
no produce su fruto y se apaga en vano.

Todo es impuro porque todo es dos.
Se hace de noche en el día.
Amanece el sol.
Perturba la pureza de la aurora
(que, sin embargo, existe porque hubo sombra).
Llega la muerte
y hace de nuestro cuerpo la más impura carroña.

Proceso

Si en un principio fui
ya estoy dejando de ser,
me alejo de este lugar, disminuyo
como un camino en el bosque
cuando el avión cobra altura.

Todo se va apagando en sucesión,
como las luces en un barco
que avanza a ciegas
por el océano minado
y es capaz de estallar en cualquier momento.

Prosigo en línea recta,
no hacia el naufragio
(todavía no, falta poco),
sino hacia el hondo Mar de los Sargazos
que no permite el retorno.

Elogio de la fugacidad

Triste que todo pase...
Pero también qué dicha este gran cambio perpetuo.
Si pudiéramos
detener el instante
todo sería mucho más terrible.

¿Pueden imaginar a un Fausto de 1844, digamos,
que hubiera congelado el tiempo fugaz en un
   momento preciso?
En él hasta la más libre de las mujeres
viviría prisionera de sus quince hijos
(sin contar a los muertos antes de un año),
las horas infinitas ante el fogón, la costura,
los cien mil platos sucios, la ropa inmunda
—y todo lo demás, sin luz eléctrica y sin agua
   corriente.
Cuerpos sólo dolor, ignorantes de la anestesia,
que olían muy mal y rara vez se bañaban.

Y aun después de todo esto, como perfectos imbéciles,
nos atrevemos a decir irredentos:
"Qué gran tristeza la fugacidad.
¿Por qué tenemos que pasar como nubes?"

Dos poemas con reloj

I. SINCRONÍA

Como los gallos que a las dos de la tarde
cantan en el eclipse llenos de azoro,
hubo una confusión cuando se echó a andar la tierra.

El reloj congelado hace diez años
y ahora simple objeto decorativo,
volvió a vivir con el sismo.

Hendió de nuevo el aire su péndulo
y llevó el ritmo oscilatorio del miedo.

De improviso escuché las campanadas:
daba el reloj la hora de los muertos.

2. TIEMPO AL TIEMPO

A los ocho años abrí el reloj
y desmonté su inexpresable misterio:
ruedas, ejes, resortes, no sé qué más.

Desde luego no pude recomponerlo
ni hallé en sus piezas el secreto del tiempo.
Sabía que estaba en él sin poder mirarlo
y pasaba por mí y me iba dejando.

Hoy ni siquiera podría abrir el reloj
y el tiempo que me borra es mayor misterio.

Oro en polvo

Desde mi adolescencia busqué oro
en todas las corrientes de la montaña.
La arena removida alcanzaría
para urdir un desierto.

Y nunca hallé el metal.
Sólo monedas de cobre,
piedras, huesos pulidos, baratijas.

Me voy como llegué.
No perdí el tiempo:

La arena que escapó de entre mis manos
me dio el placer interminable:
el intento.

La Señora V.

De nada sirve hablar de serenidad,
forjarse ilusiones
de trascendencia o de supervivencia.
La Señora V. llegó, está aquí, no descansa.
Tardó mucho.
Se hizo presente en un instante.
Viene a llevarse todo lo que fui.
Me nubla la vista,
me borra la memoria,
me quita el sueño,
me hace más torpe
y dificulta mis pasos.
Por dentro opera su mayor estrago.

Lo que en este momento nadie puede prever
es cuánto durará nuestra torva alianza.
¿Consumará su obra de destrucción
la Señora V. que nació conmigo y está programada
para actuar sin error ni pausa?

O quizá algo imprevisto, nunca se sabe,
le robará la pieza cuando ya la tiene en la trampa.

II
El arte de la sombra

A Daniel Dultzin

Siglo

En el silencio de la noche se oye
el discurso del polvo como un murmullo incesante.
Pues todo lo que abarca la mirada
está por deshacerse.

1994

Toda la noche huimos del mar.
El mar subió a la montaña.
Y nos dejó en las manos su huella de sal,
su advertencia de vida y muerte.

Reproche

Del pintor que no fue me mira el cuadro.
No me siguen los ojos de la figura
aunque sus líneas dicen, bajo el silencio:
"¿Crees de verdad que tú no has fracasado?"

Porvenir

Cuando esperaba el día se hizo de noche.
Y nunca aprendí
a caminar en tinieblas.

Mercado

Veo el mercado a la hora del cierre de los puestos
cuando todos se van y se apagan las luces.
En la desolación que estuvo viva
sólo quedan verduras putrefactas,
el mal olor de las entrañas y las escamas.
Y poco a poco llega hasta el mercado la noche.

Porvenir

Date prisa.
El silencio va a terminar.
Nadie te escuchará en la barahúnda
de los que escapan hacia el porvenir
y encuentran el pasado reiterativo
y el nunca
en batalla campal contra el después,
asombrado.

Días

Los días se van sumando hasta formar una época.
Entonces los miramos con rencor
y decimos: Ya basta.

Mañana

Hoy ya se fue.
Se hizo mañana de pronto.
Y no sé qué decirle

al día sin precedente que me interroga
y no me reconoce.

Próceres

Hicieron mal la guerra,
mal el amor,
mal el país que nos forjó malhechos.

Fotos

No hay una sola foto de entonces.
Mejor así: para verte
necesito inventar tu rostro.

Contraste

Las torres se derrumban y no se vuelven a alzar.
El humilde hormiguero siempre regresa.

Epitafio

La vida se me fue en abrir los ojos.
Morí antes de darme cuenta.

Piedraimán

Piedraimán para atraer la buena fortuna
y alejar las desgracias de la existencia.

Piedraimán olvidada que atrajo el polvo.
No hubo exorcismo contra el mal del tiempo.

Biografías

Ningún sendero quedará.
Nuestros pasos
conducen siempre a la nada.
Todo lo devora
el sol que desconoce la piedad
y arrasa lo inventado por el vacío.

Tormenta

Oigo la deslumbrante artillería
de los truenos contra la aldea.

La hora violeta
de repente se ha puesto lívida
(según los diccionarios el color del relámpago).

La tarde
se irá de aquí en un instante
con el sol que se marcha al otro lado del mundo.
Caerá la noche de seda
en la tierra toda hecha de lluvia.

El eco de los truenos se perderá en las montañas.

Niebla

Del mar viene la niebla.
Es su fantasma.
Envuelve todo en irrealidad.
Cuando la respiramos se extiende adentro
como un sudario invisible.
Y al disiparse
nos disolvemos con ella.

Nubes

Estas nubes inmóviles se irán
dentro de poco tiempo,
cuando lo quiera el viento
y entonces
se quedarán la tarde y el bosque
ya sin testigos,
frente a frente y mirándose.

Urna

Cerrada como nicho la oscuridad,
hermética urna.

Ninguna estrella se ve.
No hay luz
para que supongamos que existe luna.

A esta hora y en este aquí,
ceniza el mundo.

Y nosotros
¿qué somos si no podemos vernos las caras?

Calor (1)

Ola de lumbre el calor
bajo la hora que se resiste a fundirse.
Quiere expulsarnos
de la tierra el odio solar.

No baja el viento ni desciende la lluvia.
Sólo el calor gobierna el mundo hasta deshacerlo.

Brasa es la arena y se convierte en llama.

Calor (2)

Este calor no sabe
qué hacer consigo mismo.

Es el pabilo de una veladora invisible,
la imploración a las deidades del fuego
que desde el núcleo en donde arde el planeta
imponen al mundo
un pregusto sin aire del infierno.

Río

Lava el pecado original el inmenso río,
perpetuo navegante en su soledad
que lleva a cuestas la tristeza de todo.

No avanza hacia el océano del principio y el fin,
se adelanta hacia el lago espeso
que ya hemos convertido en otro mar muerto.

Nada

Éste es un poco de humo,
una columna de humo,
una expedición
que se interna en el aire,
asciende
y desaparece,
se reintegra en silencio al todo,
o bien, es la nada,
la nada que en el humo
se hace visible.

Habla

Antes que el habla humana se escucharon
el sonido del viento, el fragor
del incendio, el grito
del ave errante.
Cuando ya no estemos
descenderá para borrar nuestras huellas.

Vaho

Vaho, fantasma del agua en los cristales.

Neblina sin paisaje, nube cautiva.

Página gris en que inscribimos un nombre
o la silueta de un árbol.

No dejamos que el vaho se evapore
sin algo de nosotros.

Paisaje

Aquí riman las ramas.
Su verdor es su música.
El arte de la sombra lo pone el sol al filtrarse.
El viento es la pintura de lo que ya no será.
Todo está vivo en el museo de un segundo.
La tierra no volverá nunca a ser
la plenitud que fue en este instante.

Fragancia

Si la flor
que enciende las tinieblas con su fragancia
no piensa, no tiene voluntad, no sabe nada,
¿por qué entonces se obstina
en soltar el perfume que llega a mí
y me obliga a decir estas palabras?
Quizá menospreciamos el silencio:
en efecto, me ve, me compadece,
me otorga el don secreto de su olor un instante.

Porque si uno se acaba y pulveriza,
en cambio ella en sus resurrecciones
será flor siempre para aromar nuestra noche.

Otro

Entrará con sangre la *M* de muerte
en los marcados a fuego,
no para el Día del Juicio
sino para los fusilamientos en masa,
la Limpieza Étnica, el campo de exterminio,
la Solución Final que de una vez por todas resuelva
el problema del Otro.

Amanecer

La luz dibuja el mundo en el rocío.
De las tinieblas brota el nuevo sol.
Es la hora en que se nace
y acaban su trabajo los mataderos.

Hoja

Para que recomience
lo que se terminó
alzo un pétalo
del cerezo inocente e indestructible
y lo arrojo al viento.

El árbol volverá en la estación justa.
Para la flor no existe segundo acto.

Para ella de verdad no hay vuelta de hoja.

Cordero

Ocúltate en la zarza.
Que no te atrapen. El mundo
sólo tiene un lugar para los corderos:
los altares del sacrificio.

Sol

Estuvo limpio el aire, quién lo creyera.
Ardió el sol como nunca. Lo hizo a tal punto
que conquistó la tarde.
Y el mundo fue bajo este imperio dorado
casa del sol, materia solar, dominio de lumbre.

Por una vez descendió el sol y anduvo aquí entre
    nosotros.
Pero cayó la noche a traición, como lo hace siempre,
y una vez más el sol *brilló por su ausencia.*

"O"

A medianoche esfera perfecta,
redonda, circular, moneda de plata.
Pero su nombre, *luna*, tan líquido,
no tiene una sola *o* en nuestro idioma.

Moon la dejó sin *oes*, desojada.
O tal vez el s*o*l
que rige el imperio
se quedó en el reparto
con el rotundo círculo y el fuego.

Pasatiempo

El tiempo hace lo que le dicta la eternidad:
construye y destruye,
se presenta sin avisar y se va cuando quiere.
No entiende que nada más estamos aquí
para que pase el tiempo
por la oquedad,
por el vacío que somos.

Invierno

Para el invierno no hay después.
La nieve tiene que desvanecerse
y regresar al ciclo del agua.
Es necesario ceder la tierra a la nueva vida,
el otro mundo, la primavera del año.

El invierno lo sabe y reina
sobre el fugaz planeta de claridad entre la niebla.
El sol inmóvil
le da la vuelta a la madeja
y sigue como antes.

Verano

Cómo se ha morenado la bellísima
bajo el verano que zozobra amarillo
en el río verde, lento bosque de agua.
Qué hermosura su piel sombría de sol.
La muchacha color de arena
se irá muy pronto a brillar

en el jardín de los mares.
La joven única
hoy está aquí.
En el inmenso mañana
se perderá para siempre.

Mapa

Dicen que dice la verdad el nuevo mapa:
en la visión del satélite
éste es México sin engaño.

Pero no veo
sino montañas como cicatrices.
México sepultado por sus volcanes
y nacido de ellos.

Entre tanta aridez muy pocas manchas de agua.
Entre tanto desierto bosques en llamas.
Entre tanta desolación una esperanza:
la victoria de los dos mares.

Carta

En la era de Internet esperar una carta
que no viene por fax tampoco.
La trae el viejo correo
(se diría) a lomo de mula,
por los llanos y tundras y espesuras.
Atraviesa los ríos en balsa
y en piragua los mares.

Debe de haber lugares misteriosos
donde añejan las cartas como los vinos.
Para qué subirlas a un yet
o un camión al menos.
Mejor que espere la desesperanza.
Al fin y al cabo algún día
llegará la carta anunciada
—y será muy triste leerla.

Imagen

La foto queda allí. Detuvo un segundo.
Se convirtió en pasado en el mismo instante.
El oleaje del tiempo no cesa nunca.
La vejez nos distancia a cada minuto
de la imagen inmóvil donde quien fuimos
observa fiel al muerto que seremos.

Iztaccíhuatl

Esta montaña enorme se levanta
como advertencia de mi pequeñez
y mi autoengaño al darme importancia.
Para nada me necesita.
Existe al margen de que la contemple.
Estuvo aquí cuando éramos impensables
y seguirá mañana.
Es decir, hoy mismo
para su contabilidad que suma milenios
como si fueran segundos.
Mientras tanto seremos aire.
En cambio la montaña se alzará como ahora
ante el asombro de quien no ha nacido.

Árbol

El árbol no conoce la oscuridad.
De noche se enciende
con el verdor hirviente en sus ramas.

Cuando lo contemplamos ahogado en sombra
arde en su adentro toda una hoguera de savia.

Las tinieblas son culpa nuestra.
El árbol no entiende de ellas.

Presagios

El alba está lejana.
No sé qué busca el pájaro
entre la noche densa.

Habla, murmura, insiste.
Se acerca a la ventana.

Dice que el sol no ha muerto
y existe otro mañana.

III
Después

■

A Ivette Jiménez de Báez

Dominio de la lluvia

Aplomo de la lluvia. Certeza de su ataque contra la tierra. Diosa que otorga vida y muerte, la lluvia ha vuelto el cielo su dominio. Asedia la ciudadela del bosque y el fuerte de las casas. Hace tropas en desbandada de quienes íbamos por la tarde.

Violencia de la lluvia contra la hora, poderío capaz de extinguir el sol y su lumbre. El viento la estremece. Si trato de mirarla cara a cara, la lluvia me ordena que me borre. Soy un objeto inerme ante el imperio del agua.

El jardín de las delicias

Aquí estoy. No puedo salir. El Bosco me puso en el cuadro y me encerró dentro de una burbuja. Ves mi desesperación y no me tiendes la mano. De todos modos sería imposible la salida: me falta la dimensión que el pintor me arrebató para someterme.

Desde mi eterna prisión observo el mal, las zoologías aberrantes, el daño que nos hacemos sin parar nunca. Contemplo tu mirada a través del dibujo y los colores. Me ves, te miro, me preguntas, te interrogo. No puedo hablar. Ignoro tu lengua. Nos entendemos sólo con los ojos.

¿Hasta cuándo seguiré aquí? Tengo hambre, tengo sed, me duele el cuerpo entero desde hace siglos. Necesité todo este tiempo para entender el título del cuadro: *El jardín de las delicias* es el infierno de mirar la materialidad terrenal y no poder disfrutarla. Quiero huir, morirme como todos, no ser pintura.

El lugar del crimen

El lugar del crimen sigue allí. La gente lo ve y no recuerda nada. El sitio ya es distinto. Si no cambiara no podría durar. Ya hubiera desaparecido como tantos otros escenarios de hechos monstruosos –la segunda fundación de esta ciudad, por ejemplo.

Evito pasar por casas amadas o aborrecidas. Sin embargo, mi diario camino hace inevitable que frecuente contra mi voluntad el lugar del crimen. Cada vez que lo veo intento frenar la representación interna de lo que allí ocurrió. Pero siempre me asaltan unas cuantas palabras y algunas imágenes irreconstruibles.

No es sentimiento de culpa. Nada tuve que ver con lo sucedido. Se trata de algo más: una incomodidad, una queja por la injusticia de todo, una duda incontestable acerca de cómo sería nuestra vida sin aquel crimen.

Inerte y caduco, el lugar está dispuesto a perderse en la voracidad de las demoliciones. Su naturaleza de escenario me intriga. Tal vez sólo fue levantado para que allí se cometiera el crimen. Quizá su arquitectura siniestra produjo los acontecimientos. No lo sabré jamás. Estoy condenado a seguir pasando frente a él. Me gustaría no haberlo visto nunca.

Después

Ya ocurrió o todavía no ha pasado. Se acerca a grandes
pasos otra inminencia. Los ojos que han visto desas-
tres y milagros no se hallan en condiciones de obser-
varla. Cruza en silencio, inadvertida. Después resen-
tiremos las consecuencias.

Una sola palabra

Quisiera hablar contigo. Ha transcurrido mucho tiempo. No recuerdo una sola palabra del lenguaje en que
nos entendíamos. Pero si llegáramos a vernos inten-
taría decirte algo: pez que abre la boca cuando se
asfixia, aunque sea mudo como el cristal del acuario
o la alambrada del campo de exterminio.

Otro segundo

Púmbale, dice el niño de cuatro años al caer en la hierba. Púmbale, y el que se levanta del suelo es un hombre altivo, cruel, implacable. No reconozco al niño a
quien veía jugar hace un instante mientras hablaba
con sus padres. Púmbale, y ahora es el derrotado.
Hasta sus más abyectos aduladores le han vuelto la
espalda. Púmbale, y otro segundo acaba de pasar y
todos nos caemos de viejos y a la siguiente exclama-
ción seremos polvo.

La ciudad de las esfinges

Llego a la ciudad de las esfinges. Me siento mal. No puedo comunicarme y la proliferación de mármoles me ahoga. Nadie me explica por qué una inmensa esfinge preside el lugar como la Acrópolis domina el panorama de Atenas.

El intérprete, hombre de pocas palabras, me deja a las puertas cerradas de un hotel. No se abrirán para mí. En vano espero su regreso. De repente, sin que tiemble la tierra, la gran esfinge se desliza, cae y se hace añicos. Tras ella se derrumban todas las demás. Salen multitudes de los edificios que me habían parecido amargos y hostiles y se entregan a pulverizar los despojos. Pretendo ponerme a salvo pero me asfixia el polvo de mármol.

La tempestad

No me dejó dormir la tempestad. Temí que el viento fuera a acabar con el mundo. Al día siguiente pregunté a mis vecinos de edificio. Nadie escuchó el menor estruendo. Por la tarde hallé el origen de mis temores: había dejado abierto un mínimo sector de la ventana corrediza. Sólo existió para mí la tormenta inventada por el vidrio, el metal y la colaboración fantasmagórica del viento.

Raya en la arena

Todas nuestras historias se han perdido como nuestros lugares. Imposible retener nada. Es como si escribiera en el agua. Dejo todo en impulsos eléctricos sobre una pantalla inestable y aun más precaria que el papel, más indefensa que una raya en la arena cuando se acerca el mar empeñado en borrarla.

Lemnos

Miles de años de luz queman a mediodía la playa de Lemnos. Buscas la cueva entre las rocas. Filoctetes no vive allí. No curarás la herida ni hallarás el arco. Sólo te queda poner tierra de Lemnos sobre tus propias cicatrices.

Durante siglos se creyó que esta tierra era sagrada y remediaba todos los males. Pero no puede contra la invasión de nosotros los bárbaros ni contra los plásticos, las latas de cerveza, las colillas, las envolturas de papel metálico que cierran para siempre el camino hacia Troya.

Las nubes

Un rebaño de nubes, un rebaño que se dirige al matadero. Alzas los ojos: ya no están. En un trago de luz devoras sus pedazos. No es para ti el descenso azul a las profundidades del firmamento.

Estaciones

De la nieve sale el calor y del calor brota la lluvia que ha engendrado a este bosque. Antes de marchitarlo el otoño lo hará aún más bello. Tomas una hoja del tembloroso álamo, la guardas en el libro destinado a volar cuando se pulverice.

Boca del horno

Afuera está la selva ígnea, la espesura de piedras que arrojan fuego. El ventilador crea un iglú ilusorio. La humedad retrocede ante el círculo mágico. Frescura del palacio momentáneo erigido por el aire en movimiento. Su privilegio me sitúa entre quienes no se ahogan en el infierno.

Pero se va la luz y el mar de alquitrán me vence. Sombrío calor, boca del horno, Comala. La tierra entera se volverá rescoldo de nuestros huesos derretidos.

H.M.S Titanic

Recibo la señal, me formo en donde me corresponde y me hundo en la sombra eterna con el siglo veinte, mi *Titanic*. Soy, y lo tengo a orgullo, uno más entre los emigrantes anónimos que intentaron alcanzar la otra orilla y se ahogaron tras las puertas cerradas de la tercera clase. Que otros disputen su lugar en los escasos botes salvavidas.

Ensayo general

El chopo sabe que lo van a matar y tiene miedo. Lo dice con el rumor de su follaje. Sentiré su final como una pérdida. No voy a estar presente cuando lleguen los ejecutores con sus cuerdas y sus sierras eléctricas.

Hace doscientos años el chopo ya daba aire y sombra a esta tierra. No vivirá más por culpa de sus raíces. Las ilegales, las ávidas han desbordado las fronteras fijadas al subsuelo. Crecen, se extienden, se enroscan y se adueñan de los cables y tuberías que nos permiten vivir.

Somos por consiguiente los enemigos del chopo. Vamos a destruirlo nosotros los compasivos, los defensores, los incapaces de renunciar a uno solo de nuestros privilegios para que siga vivo un árbol, la única nota de luz entre los bloques de cemento donde florecen todas las rabias y todas las derrotas.

Nuestra última posibilidad de convivencia fracasó en Sarajevo y en Kosovo. Te armas, me armo, todos nos armamos. El ensayo general es hoy a las cinco de la tarde.

No

NO: la brevedad que se abre y se cierra. NO: la torre y el círculo. NO: la alta negación y el empecinamiento que se muerde la cola. NO: la primera palabra del primer diálogo y el último. NO: la mano que se levanta abierta y con los dedos extendidos para oponerse, prohibir, castigar, detener el paso, rechazar, afirmar la rotunda negativa, pedir que no ocurra lo que ya ha sucedido. NO: el signo universal grabado en las paredes de todo el mundo. NO: la celda circular y el cadalso que nos espera a todos.

Aquí

Como el abrirse de una flor, proceso que sólo pudo hacer visible la cámara, habría que filmar, condensado en unos cuantos segundos, nuestro envejecimiento, tropel de años condensado en la velocidad de unas cuantas imágenes.

No obstante, quedaría fuera el desamparo, el azoro de quien dice al ver lo que le ha hecho por dentro y por fuera el tiempo: ¿A qué horas sucedió? ¿De manera que yo también? Fue tan pronto. (A sabiendas de que ha sido un transcurso muy largo.)

Pero ocurrió. Así tenía que ser. Y desde luego no hay remedio posible.

El juicio

Ante el juez todos estamos indefensos. Él, en su silla alta, su escritorio de roble, su peluca, su mazo, su vestuario de sumo sacerdote. Nosotros, con la bata ridícula del enfermo al que hacen toda clase de exámenes para diagnosticar que ya no tiene remedio.

Animales de laboratorio ante el supremo experimentador, nos sabemos condenados de antemano. El fiscal termina su diatriba. Nos arroja una última mirada de cólera y desprecio. Nuestro defensor calla, anonadado por las fulminaciones de la parte enemiga. Sorprenden la acumulación de cargos y la ferocidad con que nos acusan de crímenes no cometidos.

Qué superioridad la del señor juez, con qué ojos de asesino desdén nos mira, cómo disfruta de nuestra humillación irremediable. Al fin nos sentencia primero a la picota y después al cadalso. Intentamos decir unas palabras. Los guardias nos cierran la boca a latigazos. No tenemos derecho a nada. Entonces comprendemos que nuestro delito fue haber nacido.

El suplicante

No me mires así, no me aborrezcas tanto. Qué culpa tengo de ser quien soy. No me recuerdes con tu desdén mi inferioridad irremediable. No fue mi voluntad pertenecer a una caterva inferior.

Para ti somos los más estúpidos, crueles y serviles de todos. La única justificación de nuestra presencia en la tierra es atender hasta tu menor capricho, cuidarte, servirte, mendigar el instante fugaz en que te dejas acariciar, sentirnos insectos ante el supremo desprecio que hay en tus ojos verdes, oh gato.

Retrato de espectro

Ahora soy un espectro. No salí en la foto de los vencedores de 1912. Como público o parte de la escenografía, aparezco en el retrato colectivo de quienes triunfaron en 1917 y en la panorámica de quienes se hicieron del poder en 1934. Pero de estas dos últimas fui borrado, tijereteado, excluido. "En la próxima", me dijeron. "Estará usted en la próxima."

Pero no habrá ninguna otra porque ya se acabó todo. Los vencedores de 1912, 1917 y 1934 hoy son polvo y ceniza. Nadie es capaz de recordar siquiera sus nombres. Mucho menos el mío. Ahora soy un espectro.

Melusina

La ciudad de las altas torres aparece en las nubes sobre el mar cuando el crepúsculo se derrumba y se instaura el dominio de la noche. Se trata de un espejismo. Los habitantes de la costa podemos observarlo una vez cada treinta años.

Tenía esa edad cuando navegué hasta sus murallas, subí al castillo y encontré a Melusina. Pasamos juntos horas como siglos. Al amanecer se levantó desnuda y me dijo hasta luego. Me hallé otra vez en el mar y alcancé a nado el puerto. Desde entonces sólo he vivido para regresar a la ciudad de las altas torres.

Por desgracia, treinta años son demasiados. Cuando la luz crepuscular de un día futuro dibuje esos contornos, seré tan viejo que no me reconocerá la amante inmortal. Ni siquiera tendré fuerzas para remar hasta el sitio que las nubes inventan sobre las olas.

En siglos sucesivos otros llegarán a tus brazos, amor

mío. Conocerán tu breve paraíso y luego se consumirán en el dolor de la esperanza que no tiene esperanza.

Telaraña

Telaraña: la forma en que la baba se vuelve seda me recuerda el poema. La araña secreta sus secretos y al darles forma los expone a la vergüenza pública.

Dura poco su arte. La gente se complace en destruirlo. Por hermosas que sean, las telarañas se relacionan con el olvido, el abandono, la ruina. O cosas peores: la trampa, la tortura, la muerte.

Confesar afición o al menos respeto por las telarañas es declararse fuera del juego, al margen de la tribu. Como si a los quince años, cuando queremos ser aceptados en el equipo de futbol o en la pandilla, confesáramos: "Me da pena decirlo: escribo versos."

También la araña escribe en la oscuridad un tejido de luz indescifrable. Al verlo en el cuarto que nadie ha visitado en muchos años, parece la escenografía de un drama ya invisible, los restos de una épica abolida.

Telaraña: crin de un caballo espectral, puente colgante entre el mundo de aquí abajo y la noche que siempre está esperándonos.

IV
Algún día

■

A Gérard de Cortanze

Tres nocturnos de la selva en la ciudad

1

Hace un momento estaba y ya se fue el sol,
doliente por la historia que hoy acabó.

Se van los pobladores de la luz. Los reemplazan
quienes prefieren no ser vistos por nadie.

Ahora la noche abre las alas. Parece un lago
la inundación, la incontenible mancha de tinta.

Mundo al revés cuando todo está de cabeza,
la sombra vuela como pez en el agua.

2

El día de hoy se me ha vuelto ayer.
Se fue entre los muchos
días de la eternidad —si existiera.

El día irrepetible ha muerto
como *arena errante* en la noche
que no se atreve a mirarnos.

Fuimos despojo
de su naufragio en la hora violenta,
cuando el sol no se quiere ir
y la luna se niega a entrar
para no vernos como somos.

3

Volvió de entre los muertos el halcón.
En los desfiladeros de la ciudad
entre los montes del terror y las cuevas
de donde brotan las tinieblas
se escuchan
un aleteo feroz, otro aleteo voraz
y algo como un grito pero muy breve.

Mañana en la cornisa no habrá palomas.
El trabajoso nido abandonado,
el amor conyugal deshecho,
la obra inconclusa para siempre.

En la acera unas cuantas plumas,
ahora llenas de sangre.

El futuro pretérito
(Nuevos poetas, 1925)

En la ciudad hay temor. Estallan las bombas.
Dejan por todas partes un reguero de muerte
y de mutilaciones.
En cada esquina se produce un asalto.
Grupos innominados
asesinan a alguien por lo que hizo o no hizo.
Arde una guerra que no encuentra nombre.
Unos contra otros, todos contra todos.
Reina el dinero que no vale nada.

Sin embargo la vida continúa.
Se habla mal de la gente,
se hacen reuniones
y se forman parejas.
Se maquina un futuro
que no será como lo imaginamos.

El extranjero sale del hotel.
Va por la calle entre los asaltantes,
los mendigos ubicuos,
los cambistas de dólares.
Llega a una librería de otro tiempo, otro mundo.
Aquí es donde terminan los orgullos.
Cementerio de libros,
posteridad promiscua en que conviven
La guía del buen cristiano y *La función del orgasmo.*

Entre tanta hoja muerta que amarillea quebradiza
surge un libro con manchas sepulcrales

–pero que nadie ha abierto.
Estremece pensarlo: nadie ha abierto
Nuevos poetas
y han pasado casi ochenta años.
Los *Nuevos poetas*
deben de estar hace ya tiempo muertos.

Bajo hontanares de polvo,
cordilleras de tomos que ya nadie
volverá a leer nunca,
papel marchito por el mismo tiempo
que antes de cancelarlo
lo hizo semilla, árbol, madera, pulpa,
hoja en blanco
y novedad que un día olió a tinta fresca,
lo esperaba una ruina intacta.

¿En dónde habrá aguardado tantos años el libro
al impensable que vendría a su encuentro
cuando él mismo
se halla mucho más cerca de todo esto
que del milenio ajeno amenazante?

Compra *Nuevos poetas*
y regresa al hotel y abre sus páginas.
Lee la polémica
que estremeció las letras nacionales
a mitad de los años veinte.
No se la explica:
a la vuelta de casi un siglo
todos escriben de manera idéntica.

Lo que más le conmueve
es que los polemistas se confíen

a un porvenir que hoy ya se hundió en el pasado.
Se ha convertido en tiempo inconjugable:
el futuro pretérito.

De los *Nuevos poetas* de este libro
no quedó un solo nombre, un solo verso.

El extranjero ve su porvenir
bajo esta cripta hecha polvo.

Enigma del cero

Alabo su plenitud. Me gusta la esfera
y sólo le reprocho su circuito cerrado.

De repente se le abre un triángulo,
llegan las fluctuaciones digitales.

Y ahora su triple triunfo, el año 2000,
nos convierte en las sombras de otro milenio.
Seres del cero, ceros a la izquierda
de sus tres lunas llenas
en que desaparecen los invisibles que por última vez
nos aferramos a su aro en el año 90.

Hoy en cambio ostentamos como aro de buey
su calificación: cero en conducta,
en contemporaneidad, en saber del mundo electrónico
que destella volando sobre tres ceros.

¿Qué es este enigma circular? ¿Dónde flotan
esa implacable luna y su sol oculto?
Astro de azogue, globo cautivo que nos tiene atados
a su dominio omnipotente en forma de O;
anillo, cerco, ruedo, círculo mágico
que ni en el infinito hallará respuesta.

Minas antipersonales

Crítica de la oquedad sangrante,
el cuerpo ya no cuerpo
del niño ya no niño, destrozado
por la mina antipersonal, el arma
más barata del mundo.

Por menos de tres dólares
sacan de las entrañas de esta mina
el tesoro sombrío
de la mutilación,
el dolor total para siempre.

El oro de estas minas es la muerte.
Son semillas de muerte.
Las plantan y las siembran:
flores carnívoras.

Su campo de cultivo es el mundo entero.
Nadie sabe qué suelo pisa.
En donde ponga el pie
el abismo puede abrirse a sus plantas.
Arenas movedizas que no absorben: destruyen.

Es el refinamiento absoluto, el colmo
de la mercadotecnia, el mercado libre
y el gran consumo.

Hay minas especiales para no combatientes,
minas con forma de pelota y muñeca.

Nadie podría decir nada más atroz
acerca de nosotros.

Nueces

En el interior de la fortaleza asediada,
rugosa como si expresara toda la antigüedad de los
　árboles,
los hemisferios cerebrales que tal vez piensen
en una lengua incomunicable: el silencio.

Las dejamos crecer sin perturbarlas
hasta que llega el día de la invasión de los bárbaros.
Las bajamos a palos de los nogales
y trituramos sus tinieblas.

Antes de consumir su blancura inmóvil
las desollamos.
Breve sabor intenso su carne nueva.

En seguida, restos, basura.
El esqueleto externo antiquísimo,
con la vejez del recién nacido,
va al lugar donde nace el polvo.

Por un segundo se vuelve
(aunque tratemos de no verlo)
algo como la imagen del ataúd
en espera de nuestros huesos.

Indeseable

No me deja pasar el guardia.
He traspasado el límite de edad.
Provengo de un país que ya no existe.
Mis papeles no están en orden.
Me falta un sello.
Necesito otra firma.
No hablo el idioma.
No tengo cuenta en el banco.
Reprobé en el examen de admisión.
Cancelaron mi puesto en la gran fábrica.
Me desemplearon hoy y para siempre.
Carezco por completo de influencias.
Llevo aquí en este mundo largo tiempo.
Y nuestros amos dicen que ya es hora
de callarme y hundirme en la basura.

La aguja

Sólo la forma del huevo
iguala en perfección a la anatomía
de la aguja esbelta y redonda.
Herramienta leve, inhallable
en un pajar o en el caos doméstico.
Tan femenina como fálica,
hermafrodita, andrógina, unisex, polimorfa
en su diseño aerodinámico.

La aguja servicial puede ser amnistiada
de su delito irremediable.
Su enemigo, el dedal, posee un sistema de huecos
para atajar las embestidas,
aunque no siempre salva.

Cuando se harta de su mansedumbre
la aguja es como la ardilla libre
que lanza una furiosa dentellada
contra la adoración que le tenemos.

También la aguja muerde aquella mano
que le da de comer.
La hace temible
la creencia de que si penetra una vena
se deja ir por la corriente sanguínea,
va directo hasta el corazón
y habla a la tejedora que está jugando
con el hilo precario de nuestra vida.

Tronco

Discos de leña para el calor de esta noche.
Un pedazo de tronco inmenso.
A juzgar por los círculos habrá tenido
por lo menos trescientos años
cuando lo derribaron.

Ahora él y yo, los dos solos,
compartimos la noche helada en tinieblas.
La oscuridad indecible sugiere:
"Ésta será la última noche en la tierra".

Ha muerto el árbol para que yo sobreviva
a la xenofobia
del frío en tierra extraña
(en ambos sentidos).
Entre sombras que danzan allá afuera
y pasos de algo o alguien en redor
de la cabaña en lo más hondo del norte.

Arde bien el tronco hecho leña
y me quedo observando el fuego.
Pienso en el árbol vivo hace cien años.
Me esperaba (y yo aún no nacía)
para esta noche del final y el encuentro.

Nació, creció y murió con el solo objeto
de darme luz, calor y fuego esta noche.
Pero en unas horas
yo, el ingrato, me iré de aquí.
No hay remedio.

Otro viene en camino hacia este bosque.
Para llegar a la cabaña aún le falta
rodear el aro de un siglo.

Polinización

El insecto se frota contra el cáliz
de la flor entreabierta.
No le importa mi juicio
ni el peligro de muerte
que para él entraña mi presencia.

Supone que es amor el pobre diablo.
Cómo se agita, cómo se revuelve,
hasta que al fin saciado emprende el vuelo.

Tal vez se acordará toda la vida
de esos instantes de placer. Los cree
nacidos de un encuentro de voluntades,
una atracción fatal, deseo sublime.

Ebrio de amor, el infeliz amante
ignora que su acto
es polinización.
Sin palabras la vida le ha ordenado
que la trasmita y perpetúe. Su goce
sólo sirvió (no ha de saberlo nunca)
para que en primavera brote exacta
otra generación de ávidas flores.

Brújula

1

Apunta siempre al norte la flecha trémula.
Orienta al oriente
y deja al sur en total desamparo.

2

Algo nos enseñaron en la escuela primaria
sobre el polo magnético, dictador de las brújulas.
Imaginaba entonces un Éverest
hecho todo de piedraimán,
una inmensa estación que envía despótica
señales de obediencia al planeta entero.

3

No tiene a nadie la manecilla sin sosiego,
encerrada en una celda circular que no se abrirá
    nunca.
La pobre prisionera de su deber,
la esclava perpetua
de una fuerza que acata y no comprende.
Sólo su desamparo la acompaña.
No mide el tiempo.
Es un reloj mutilado.
Sólo entiende de puntos cardinales.

4

En la ciudad no sirve de gran cosa
pues todos nos movemos con una brújula implícita
(la Basílica, norte; sur, la Ciudad Universitaria).
Extraviado en la selva del Darién
nadie podría sobrevivir sin su ayuda.

5

Tiembla, tiembla la flecha infatigable.
Su quietud anunciaría: llegó el fin,
hoy de verdad la tierra ha terminado.

6

¿Será posible que entre tanta invención
no tengamos un instrumento como ella
para orientarnos en la maleza de este vivir,
para decirnos cómo y hacia dónde
en este mundo cada vez más Darién,
más ciclón del Atlántico y tifón del Pacífico?
Mundo sin brújula, cada vez más *norteado**.
Cada vez más sin esperanza de hallar el rumbo.

* En mexicano antiguo, quizás en desuso,
norteado significa "perdido", "atónito".
¿Tendrá que ver con puntos cardinales
o se refiere a aquel inmenso país
hacia el que apuntan siempre nuestras brújulas?

Fruto de piedra

Mudez de la ostra
en el silencio subacuático.
Arena y sal
por la boca que filtra todo.
Cerrazón a la luz, empecinamiento.
La ostra quiere ser ostra y quedarse pegada
a su congregación casi de piedra.

Pétrea se ve la grisura,
la consistencia calcárea
que la envuelve y le da sentido
–pero también la aprisiona.

La ostra vive entre sueños de agua
y cosas invisibles al ojo humano.
Medita a ciegas en el absurdo que encuentra
en nacer, vivir, secretar
durante muchos años su casa-tumba.

Y luego ser arrancada
para durar un instante
entre las fauces del infierno,
es decir, las nuestras.

En el fondo

En los cuartos del fondo
hay algo que recuerda a un viejo barco.
Puede ser el olor del combustible
o los tubos de Julio Verne.
El *Nautilus*
hundido en el mar muerto de la ciudad.
En sus entrañas
un sótano al que anega otro pasado
y es submarino y subterráneo.

Así, no fue tan grande la sorpresa
de ver a la sirena contemplando
su desnudez perfecta ante el espejo.

Agua era el aire o cosa parecida.
Le hablé y me contestó en su lengua de olas.
En su cara leí qué me decía.
Al abrazarla me hice mar con ella.

Ahora que me dejó, me hundo en el fondo.
Entre tanto naufragio me vuelvo arena.

Adán castigado

Las desnudas reposan en el jardín entre los dos ríos.
Están siempre bellísimas
bajo la luz del primer sol que iluminó el paraíso.
No fluye el tiempo entre sus cuerpos, no hiere.
No hay ayer ni mañana: todo es presente
en una bruma de oro. Las desnudas
están aquí para compensar la fealdad de todo,
la humillación de envejecer,
el desmoronamiento en el hormiguero
de las muertes innumerables.
Son la victoria del placer,
la dicha insolente
que no perdona ni a quien la disfruta.
Las desnudas encarnan el amor o lo que llamamos
por este insólito nombre.

Pero a él lo expulsan y ya siente el filo
de la espada y lo quema el fuego.
Perdió el edén para siempre.
Ahora debe elegir con cuál de las dos se queda.

Él quisiera decir: "Con ambas.
Ninguna borra a la otra. Las dos son únicas.
La tierra será un desierto infernal sin ellas."

Para su honda desgracia aquí no se admiten
la bigamia ni el adulterio.

Rubén Darío en el burdel

Era tan bella que borraba el pecado
original, y en vez de serpiente
ofrecía la manzana intacta
a la sombra del árbol del paraíso.
En cada transacción, lejos de mancharlo,
purificaba su cuerpo.
Retrocedía en el tiempo que nos ultraja,
invulnerable niña a la que nada
podía contaminar.

Una noche
se fue como disuelta en aire.
El poeta no volvió a verla
y dejó su recuerdo en mármol:
Pues la rosa sexual, al entreabrirse,
conmueve todo lo que existe...

Ulan Bator

Los otros niños gritan: "Mongol".
Pero él se limita a verme.
Intento la más simple
conversación.
No responde. Me dicen:
"Es inútil. No insista usted.
Pobre niño, no aprendió a hablar.
No sabe hacer nada."
Su función en el mundo es mirar, mirarnos
–incomprensibles, ruidosos, crueles.

Libre de culpa y miedo, es el Inocente.
No hace ninguna
pregunta sobre el Mal,
el error de ser,
la infinita pena
de una vida impuesta por el azar
bajo el signo de cromosomas.

Sus verdugos se alejan.
Lo veo abismarse
en su inmovilidad.
Ya no está aquí con nosotros.
Ya cabalga en su estepa libre.
Ya es todopoderoso en el Otro País,
en aquella Mongolia de hierba y nieve
que los demás nunca invadiremos.

Excavaciones

Como señal de furia el toro escarba la tierra.
Prepara una embestida, tal vez la última.
Hace lo mismo en busca de lombrices
la gallina espectral color de cieno.
El gato pulcro oculta su excremento.
El perro entierra huesos.
No hay en su acto
necrofilia ni necromancia.
Tan sólo desconfianza en lo que vendrá.
El niño quiere hallar el pasadizo
que lo conduzca a China al otro lado del mundo.
Y ese viejo que excava, excava, excava
con sus últimas fuerzas
lo hace en procura de algo que ignoramos.
Le pregunto qué se propone
y me mira a los ojos y en silencio
vuelve a la excavación,
me da respuesta.

La estación total

A la memoria de Joseph Brodsky

Otoño extraño, la estación total
en que los meses se concentran
para esperar su renovada muerte
y su otro nacimiento del que no somos parte.

El yermo otoño nos regala el don
de los poemas, precio del silencio
y la esterilidad que se prolonga
de enero a octubre.

Y una noche súbita
llegan unos tras otros,
todos de golpe.

Son, insisto, dones.
Hay que esforzarse para merecerlos.

Cosas

A la memoria de José Donoso

Ternura
de los objetos mudos que se irán.
Me acompañaron
cuatro meses o cincuenta años
y no volveré a verlos.
Se encaminan
al basurero en que se anularán como sombras.

Nadie nunca podrá rehacer
los momentos que han zozobrado.
El tacto de los días sobre las cosas,
la corriente feroz en la superficie
en donde el polvo dice:
"Nada más yo
estoy aquí para siempre."

El libro de los muertos

En recuerdo de José Luis González

Nuestras libretas telefónicas, decía Severo Sarduy, poco a poco se transforman en el Libro Tibetano de los Muertos.

Intento la llamada
pero no hay nadie ya que la conteste.

El timbre suena a hueco en el vacío.
Es la nada la única respuesta.
Las cifras dan acceso al nunca más.
Otro nombre se borra en la libreta
o en la agenda electrónica.
Así acaba la historia.

Un día que ya figura en el calendario
alguien también cancelará mi nombre.

V
En este mundo

■

A Paola Ballardin

Unidad

(Un poema de Santiago de Chile)

Errante fue la hoja amarilla
desprendida en un acre otoño.
Por supuesto no volvió al árbol.
Conoció otro aire.
Cayó en el río veloz que no han sometido
y atraviesa la ciudad a ciegas.

Quién nos iba a decir en aquel entonces
cuándo, cómo y en qué lugar
la hoja y yo nos reencontraríamos
en un puñado de polvo.

Polvo los dos, invisibles
—a menos que nos suspenda un rayo de sol—,
cómo nos estrechamos sin tener cuerpo,
con cuánto amor nos decimos:
Por fin estamos juntos, somos iguales.

De las milicias celestiales

En la guerra perpetua
entre los hijos de la luz y los hijos
de las tinieblas,
me afilié con el bando de las tinieblas.

Pero cómo elogié su claridad,
su transparencia y su brillo.
De qué manera impuse la veneración
hacia lo oscuro (que llamé *luminoso*).

Y los obligué a sangre y fuego
a decir que veían el sol
cuando era noche profunda.

Andarse por las ramas

Entre todas las rutas a mi alcance
elegí siempre andarme por las ramas:
gran frescura, gran vista, gran emoción
(pierdes el paso y acabarás estrellado),
gran compañía familiar de los pájaros,
lección de humildad:
sabernos extranjeros que malhablan la lengua
nativa de los monos y las ardillas.
Y tragedia final: el tigre
frecuenta insomne estos oblicuos caminos.

Minorías

En mi pueblo de raza verde
salí entre gris y morado.
Llamé la atención por raro
y nunca me aceptaron en parte alguna.

Ante el agobio de la desventaja
queda la alternativa de ser bufón o ermitaño.
Pero, indolente,
como soy o como me hicieron,
preferí volverme invisible

Hormiguedad

Prefiero ser hormiga.
En las inmensas columnas
nada que me distraiga de mi deber en la tierra.
No hay lugar para el yo,
para el amor más terrible que es el amor propio.
La vanidad resulta impensable.
No queda espacio
para rivalidades o querellas de grupo.

Carezco de importancia: tengo misión.
Cumplo con mi papel aunque estoy consciente
de que me esperan la vida brutal y breve,
el final absurdo (como individuo);
pero la gloria absoluta
en tanto hormiga triunfante,
especie que nada o nadie
podrá borrar de este mundo.

Menos que nadie
esos gigantes lamentables, obsesionados
con gasearnos y pisotearnos.
La invulnerabilidad colectiva
es nuestro don, y no
–lamento decirlo– el suyo.

Aquí estamos y seguiremos
las invencibles hormigas.
Los humanos, en cambio, nunca
podrán hablar así de ellos mismos.

La mosca juzga a Miss Universo

Qué repugnantes los humanos.
Qué maldición
tener que compartir el aire nuestro con ellos.

Y lo más repulsivo es su fealdad.
Miren a esta.
La consideran hermosísima.
Para nosotras es horrible.
Sus piernas no se curvan ni se erizan de vello.
Su vientre no es inmenso ni es abombado.

Su boca es una raya: no posee
nuestras protuberancias extensibles.
Parecen despreciables esos ojillos
en vez de nuestros ojos que lo ven todo.

Asco y dolor nos dan los indefensos.
Si hubiera Dios no existirían los humanos.
Viven tan sólo para hostilizarnos
con su odio impotente.

Pero los compadezco: no tienen alas
y por eso se arrastran en el infierno.

Lumbre en el aire

Estallan los jardines de la pólvora
en el cielo oscurísimo y su aplomo.

Estruendo frente al mar que se encarniza
desde la eternidad contra las rocas.

A cada instante otro *Big Bang*.
Nacen astros, cometas, aerolitos.

Todo es ala y fugacidad
en la galaxia de esta lumbre.

Mundos de luz que viven un instante.
Después se funden y se vuelven nada.

Como esta noche en que hemos visto arder
cuerpos fugaces sobre el mar eterno.

Bar del Espejo

Este bar en tinieblas pasó de moda.
Cayó del lujo extremo a la mala muerte.
Les sucede a los bares y a los hoteles
y a sus frecuentadores más insignes.

Qué hermosas las muchachas que se reunían aquí hace
    treinta años.
Qué imposibles y bellas son las de ahora.
Sin embargo el martini conserva la perfección
inalterada en medio siglo.

Quizá gracias a él hay todavía algunas parejas
y otras mesas de solitarios.
Quisiera convocarlos para un último brindis
por todo lo que fue y no será nunca.

Ritos funerarios

Le dice al muerto lo que siempre se dice:
"Amigo, hermano mío, te adelantaste.
Nos reuniremos muy pronto.
Y te juro que no voy a olvidarte."

Pero él lo observa desde el ataúd.
Sabe que por muy breve tiempo fueron amigos.
Poco después se odiaron como se odian,
desde Caín y Abel, todos los hermanos.

Sabe que a su pesar lo regocija
no usurparle el sitio de honor
en esta ceremonia de la fugacidad compartida.
Sabe que nunca habrán de verse en el otro mundo
(no hay otro mundo).

Y que al salir del entierro
no volverá a pensar en él hasta que le toque
ser a su vez objeto de un culto fugaz
en que siempre se dice lo de siempre.

Al fin el porvenir

Al cabo de tanto ayer encontré un gran futuro.
Por fin la edad de oro, el buen tiempo, la bella época,
la que soñó cada una
de las generaciones de los muertos.

Todo en paz, todo en calma,
todo placer y armonía.
Sin lugar para el odio ni la crueldad.
Sin opresión, violencia ni amargura.

Gran lugar este porvenir presagio del cielo,
prometido por todos, visto por nadie.

Qué desgracia: el futuro también pasó.
Hoy se ha perdido en el ayer terrible.

Las uñas

Cuántas generaciones formaron parte de mí,
fueron conmigo un solo ser
–divisible.

Mil tijeras las cercenaron,
las hizo polvo una lima,
me precedieron en el camino a la nada.

En su vida de rompe y rasga
pasaron del celofán al polietileno.
Fue para las uñas
como dividir el pasado inmenso
en Prehistoria y en Edad Media.

Rozaron la belleza y dejaron su marca
en los muros que nos confinan.
Absorbieron la mugre de existir,
la oscuridad de estar vivos.

A fuerza de cepillo, agua y jabón
disimularon su naturaleza:
garras vestigiales,
sutiles excrecencias del gran monstruo prehistórico
que aún repta en nuestro cerebro.

En las uñas domamos a la fiera
que somos bajo todos los disfraces.
Cada derrota de las indefensas
representa vencer sin gloria alguna
nuestra animalidad siempre al acecho.

Nacen tan sólo para ser cortadas.
No las dejamos vivir
–y nadie llora al despedirse de ellas.

Pitanza

No sé por qué detesto la palabra *pitanza*.
Suena a restos sangrantes
aventados a la jauría.

Me gano la *pitanza* hablando y hablando.
Te ganas la *pitanza* con tu silencio
—o viceversa.

La *pitanza* está en lucha con la esperanza.
La *pitanza* es la realidad real desnuda.

A la hora de sentarnos en torno a ella
no pienses
en que a la larga tú, yo, todos,
somos, seremos y hemos sido *pitanza*
de alguien o algo.

Y bolo alimenticio,
estiércol flagrante
para fertilizar
la próxima cosecha de *pitanza*.

La Bestia Inmunda

De esto no habló palabra la Bestia Inmunda.
Jamás nos ordenó que la aduláramos.
Pero siempre alabamos sus feroces tentáculos,
sus colmillos sangrantes, sus garras ávidas.

Diezmos, primicias, sacrificios humanos,
incienso, mirra, cánticos, discursos:
no ahorramos nada para congraciarnos con ella,
para obtener su aprobación
o su clemencia ya en el peor de los casos.

Ahora que se pudre la Bestia Inmunda,
nos hemos vuelto autocríticos.
Quemamos sus retratos y destruimos
sus monstruosas efigies.

Por fortuna inventamos la contrición,
el arrepentimiento que nos salva de todo.

Hagamos tabla rasa del tiempo viejo
–hasta que llegue la otra Bestia Inmunda.

Dentelladas

Qué suerte tuve: no aprendí a morder.
Y para defenderme sólo cuento
con mis púas afiladas.
Cuando me erizo nadie se me acerca.

Los animales de mi especie
no hacen servicio militar,
nunca van a la guerra
ni se unen a las fuerzas policiales.
No luchan con *pit bulls* hasta desgarrarse.
Tampoco han sido miembros de ninguna jauría.
No se han encarnizado con los ciervos
ni desventraron conejos.

Los deportes violentos nos horrorizan.
Damos la espalda
cuando en el Coliseo tinto en sangre
otros se hacen pedazos a dentelladas.

Y limpios de agresión vamos entrando
en las fauces abiertas del matadero.

Disparo

La bala ordena: "Dispárame.
Para eso me hallo aquí, de eso sirvo,
con este objeto me hicieron.
Soy un navío feroz que va cargado de plomo.
Tengo el contorno
de lo que llevo en mi interior destructivo
y es mi razón de estar en el mundo.
Nadie come balas.
Nadie juega a los dados con las balas.
Si no me utilizas
te volverás mi blanco:
Dispara."

Hienas

En las ruinas de lo que fue hasta el siglo veinte la
    Ciudad de México,
cerca de una gran plaza que llamaban el Zócalo,
me salió al paso una manada de hienas.

Desde hace un mes nos quedamos sin ratas
o, para ser más precisos,
nosotros somos ahora las ratas
pues nos alimentamos de su pelambre y su carne.

A las hienas les ofendió mi olor y repudiaron mi
    aspecto.
En vez de atacarme
dieron la vuelta.
De lejos me observaron con gran desprecio.

Génesis

De tanta felicidad me abrumó el paraíso.
Intenté descubrir qué había allá afuera.
Al acercarme a los límites
me hirieron la alambrada y la cerca eléctrica.

Tuve que regresar a mi jardín, acosado
por los perros de los guardianes.
Y no encontré ya bosques ni manantiales.
En el lugar que ocupaban
se yergue la barraca N-18
y levantan los hornos crematorios.

Ordán

Creo en Ordán, la Ciudad del Sol. Mejor dicho
tengo la obligación de creer en ella.
Me fuerzan a elogiarla en todo momento.
Celebro sus castillos que nadie ha visto.
Alabo sus prisiones y mataderos.

Es un dogma de fe que si Ordán no existiera
descenderían las tinieblas.
Sólo vivimos para alcanzar –un mañana–
Ordán la inasible,
el más desierto centro de la nada.

Gotera

Se hace presente.
Desafía al mundo entero la voraz humedad
y destila una gota más que arrojarla.
La deja libre por fin.
En un susurro le ordena:
"Invade ese lugar
en donde nadie te espera.
Rompe la cárcel metálica
en que te confinaron para servirlos.

"Los ofende tu avara lluvia,
tu leve ruido seco los enloquece.
Harán lo imposible
por cerrarte el camino,
como si fueras
la tempestad y no una simple gota de agua.

"La casa estalla por lo más delgado: los tubos.
Déjate caer a menudas pausas.
Sal a afrentarlos.

"Eres el minucioso poder del agua,
condensado en la brevedad que nadie puede parar.
Eres el triunfo
de lo insignificante
contra el significado de su orden, prendido
con alfileres a la nada y el caos."

Tres poemas sobre casas

1. BLOCKBUSTER

La vieja casa familiar tiene un letrero: "Se vende
como terreno." Dentro de poco
será otro Burger King, Domino´s Pizza o Blockbuster.

La edificaron los padres, recién casados, muy jóvenes.
Nacieron y crecieron las hijas y los hijos.
Más tarde se apartaron. Porque la esencia
de la vida en familia es la final dispersión.
Ya disuelto el hogar, los viejos padres se mueren
y la casa se vende como terreno.

Dentro de pocas semanas
alquilarán videos de amor y terror en este Blockbuster.
Nadie reparará en el otro drama:
las familias que se hacen y se deshacen,
el nacer, el morir y en medio
la inmensa vida que hiere siempre y se va muy pronto.
Y el polvo en que terminan todas las casas.

2. LIMBO

Es imposible abrir la ventana.
Está sellada. Contiene un dispositivo
contra el suicidio y contra el caos de afuera.
El clima artificial regula el aire cansado
que purifica otra máquina.
El ventanal funciona como vidrio de aumento.

Todo parece impecable.
Pero hoy se fue la electricidad
y por tanto no hay aire ni sube el agua.

La pecera del piso treinta
(o veintinueve: no hay trece),
cerca del cielo,
fue el limbo.

Con el calor generado
se ha convertido en choza del tercer mundo.
Se ha vuelto paila de aceite
en la que hierve el infierno.

3. DEMOLICIÓN

Están echando abajo la casa en ruinas.
Y cuando ya es muy tarde para salvarla resulta
que era una joya colonial, aplastada
por el afán de lucro. Añadieron
adefesios "modernos" y "funcionales".

Lo más conmovedor o lo más alarmante,
según se vea,
es hallar bajo el patio en donde guardaban
las camionetas de reparto
otro patio, esta vez antiguo,
con una fuente en pedazos
y fragmentos de platos y de vasijas.

Así pues, los objetos diarios
no siempre se destruyen ni se transforman.
Unos cuantos se quedan en un lugar
que nadie vuelve a ver ni recuerda.

Quizá en un tercer nivel
(en la antigua ciudad no es raro)
estarán los huesos deshechos
de quienes comieron en estos platos
y escucharon el tiempo que se licuaba
entre las aguas de la fuente.

Si me detengo un instante en ellos,
en para siempre ignotas vidas anónimas,
advierto que también este día se ha de volver algún día
la más remota prehistoria.

Y en la Pompeya futura,
nuestra ciudad de ahora mismo,
otro equipo de excavación
rescatará las cosas humildes
que gastamos gastando la triste vida
—sin pensar nunca
en que también serán a largo plazo vestigio,
ruinas de lo impensable inmemorable.

Índice

II. EL ARTE DE LA SOMBRA

V. EN ESTE MUNDO

Fotocomposición:
Alba Rojo
Impresión:
Programas Educativos, S. A. de C. V.
Calz. Chabacano 65-A, 06850 México, D.F.
10-II-2000
Edición de 1000 ejemplares